Heidi Friedrich

Kunterbunte Seifenblasen

1. Auflage (Sonderedition) Juli 2014

Herstellung und Verlag:
BoD Books on Demand, Norderstedt

ISBN: 978-3-7357-2080-1

Inhaltsverzeichnis:

Büro & Beruf

Zugabe: Mundart

Vorwort

Liebe Leserin, lieber Leser,

genaugenommen habe ich schon seit früher Jugend immer mal wieder ein Gedicht geschrieben, meist aus Spaß an der Freud, aber auch mal „auf Bestellung" für besondere Anlässe. Jedoch erst seit dem Beginn des Computerzeitalters bin ich dazu übergegangen, einmal Geschriebenes auch zu speichern und aufzuheben.

In diesem Buch findet sich nun eine Auswahl meiner „gesammelten Werke" - von vorwiegend heiter bis gelegentlich auch mal eher wolkig. Damit möchte ich mich bei all jenen bedanken, die meine Gedichte schon immer mochten und mich stets ermuntert hatten, auch andere daran teilhaben zu lassen. Euch sei dieses Büchlein gewidmet :-)

Und nun viel Vergnügen beim Lesen!
Heidi Friedrich

Lampertheim, im Juli 2014

Liebesfreud & Liebesleid

Ein Liebesgedicht
(für P.)

Du bist mein Blubb im Rahmspinat,
die Peperoni im Salat,
das Deckelchen auf meiner Pfanne,
mein Quietscheentchen in der Wanne.

Du bist der Punkt auf meinen i's,
für mein Glück das goldne Vlies,
für meine Steckdose der Stecker
und für mein Dach bist du der Decker.

Du bist der Schwefel, ich das Pech,
fliegt mir was weg, bist du das Blech;
du bist der Stern für meine Schnuppe,
die Wurst in meiner Erbsensuppe.

Du bist das Yin zu meinem Yang,
ich bin der Wein, du der Gesang.
Ich bin das Hemd, du die Krawatte,
ich hab Macchiato, du die Latte.

Du bist zu meinem Moll das Dur,
der kleine Zeiger auf der Uhr,
ich bin die Flasche, du der Geist...
ich wollt' jetzt auch nur, dass du's weißt:

Die ganze Welt bist du für mich,
ich fühl mich halb nur - ohne dich!

© Heidi Friedrich

Schmetterlinge in des Menschen Bauch
(ein paar neurobiochemische Betrachtungen)

Ich kenn da einen tollen Mann,
denk ich an ihn, schon fängt es an:
Mein ganzer Körper spielt verrückt!
Außen lächle ich verzückt...
...der Klang der Stimme wird ganz weich,
die Augen strahlen sonnengleich,
und all meine Organe spinnen -
denn 's wahre Chaos, das herrscht INNEN!

Das muskuläre Hohlorgan
kurbelt meinen Kreislauf an,
denn es hat, ohne zu fragen,
die Frequenz erhöht beim Schlagen.
Der rote Lebenssaft fließt munter
die Gefäße rauf und runter,
die Thrombos dort im Adernbette
schwimm'n mit den Leukos um die Wette.

Glücksboten fluten die Synapsen
und meine Lungenbläschen japsen.
Ein kleiner Schnupfenvirus klagt:
'Man hat mich grad schnöde verjagt!'
Ich fühl mich groß und stark und schön,
heb ab in ungeahnte Höh'n,
den Bauch randvoll mit Schmetterlingen -
könnt' ganze Arien auf IHN singen!

© Heidi Friedrich

7

Weihnachtswunsch

Wenn eines Nachts ein Mann dich weckt
- mit Bart, und rotem Mantel um -
und dich in einen Sack reinsteckt,
dann sei so gut und zick nicht rum!

Nicht dass du ihn kratzt, verhaust oder beißt!
Fang bloß keinen Streit mit dem Bärtigen an!
Zu Weihnachten hab ich, nur dass du's weißt,
mir DICH gewünscht vom Weihnachtsmann.

© Heidi Friedrich

Gedanken in der Silvesternacht

Silvester sah ich tausendfach
Funken sprüh'n am Himmelsdach.
Ich hab an dich in jener Nacht
bei jedem einzelnen gedacht
und dir im Stillen zugewunken -
für mich bist du nicht bloß ein Funken,
der kurzlebig und schnell vergänglich.
Bei mir, da brennst du eher länglich,
und diese wundervolle Glut
macht warm und tut im Herzen gut.

© Heidi Friedrich

Ich denke an dich

Du kommst mir ganz oft in den Sinn,
und dann träum ich vor mich hin;
wie's wär, stell ich mir vor zuweilen,
könnt' ich mit dir 'n Stück Alltag teilen.

Mit dir rumalbern, Tränen lachen,
und dir dein Lieblingsessen machen,
wenn du erzählst aus deinem Leben,
gebannt dir an den Lippen kleben...

Dich berühren, Nähe spüren
und dich bei Kerzenschein verführen.
Wir sind allein - wir beide nur -
und haben Zeit, kein Blick zur Uhr...

Dann hältst du mich schön fest und warm,
und ich schlaf ein in deinem Arm.
Ganz nah bei dir, eng Haut an Haut,
solange, bis der Morgen graut.

Ach ja... 's ist so ein schöner Traum!
Jedoch wahr werden wird er kaum.
Du kehrst in deine Welt zurück,
's ist immer nur ein kurzes Glück.

© Heidi Friedrich

Kleiner Trost
(FSK 16)

Wenn's mal wieder Ärger gibt,
weil dich deine Frau nicht liebt,
wenn dich der Kummer übermannt,
denk an mich und meine Hand,
wie sie auf deiner Schulter ruht,
dir Wärme gibt, und Kraft und Mut.
Sie wandert hoch zu deiner Wange,
streichelt zärtlich sie ganz lange.
Auch die andre bleibt nicht faul,
weil ich dir den Nacken kraul...
Ich schau dich an, das weckt Begehren,
ich kann nicht anders. mich nicht wehren...
...meine Hände tasten weiter
- so schön auf deiner Wirbelleiter -
sich dann Stück für Stück nach unten,
während sie den Weg erkunden
über'n Rücken zu den Lenden...

räusper

...hier muss das Gedicht jetzt enden!

© Heidi Friedrich

Wunschzettel

Ist er auch in weiter Ferne,
hab ich ihn doch unsagbar gerne.
Ich bin verknallt wie eh und je,
auch wenn ich ihn so selten seh'.

Doch bin ich von der Angst besessen,
ich könnt' gar sein Gesicht vergessen...!
Drum wär' es toll – ja, wunderschön! –,
würd' ich ihn bald mal wiederseh'n...

Ach, liebes Christkind, hilf mir –schwupps! –
und gib ihm bitte einen Schubs,
damit er merkt, dass es mich gibt,
und sich auch in mich verliebt!

© Heidi Friedrich

Honigkuchenpferd

Manchmal muss ich innehalten
in des Tages Mühewalten,
ich verlier mich in Gedanken,
die sich alle um dich ranken,
und es macht sich in mir breit
ein Gefühl von Zärtlichkeit.

© Heidi Friedrich

Dichtung und Wahrheit

Das Herz der Frau erreicht - sagt man -
ein Dichter (doch nur, wenn er's kann!).
Er reimt von Veilchen und von Rosen
und säuselt Worte wie "liebkosen"...
"ich lieb dich ewiglich, mein Schätzchen"...
Ja - Mädels mögen solche Mätzchen!
Da werden selbst Megären weich
und tönen sanft und engelsgleich.
Der kluge Mann hat dies erkannt.
Wird einst vom Trieb er übermannt,
ersteht er einen Strauß Gemüse,
er raspelt Holz, und zwar das süße,
tut Liebe ihr und Treue schwören,
ihr so Herz und Verstand betören.
Am nächsten Morgen ist er weg.
Für ihn war's Mittel nur zum Zweck,
was sie für Romantik hielt...
wie das Leben halt so spielt!

PS. Auch MICH macht ja so'n Zeugs gefügig -
behaupt' ich anderes. dann lüg ich!

© Heidi Friedrich

Stundenhotel?

Mein Herz ist kein Hotel, wo man
beliebig ein- und ausziehen kann.
Eroberst du dir drin ein Zimmer,
gehört es dir, und das für immer.
Doch wenn du einst aus diesem Ort
mit Sack und Pack, ohne ein Wort
mal gänzlich ausgezogen bist,
kann's sein, dass es verschlossen ist,
wenn du gern wieder einziehen tätst -
weil du obdachlos bist jetzt.

© Heidi Friedrich

Abschied

Beleidigt hast du dich verpisst,
weil dir 'n Furz quergelegen ist.
Das tatst du nicht zum ersten Mal,
doch diesmal ist es mir egal.
Dein unaufhörliches Gemecker
ging mir schon lange auf den Wecker.
Ich habs so satt, dein Rumgezicke,
bau dir jetzt keine goldne Brücke.
Von mir aus kannste bleiben, wo
der Pfeffer wächst, mein Lieber - so!

© Heidi Friedrich

Epilog

's gab schöne Zeiten - ungelogen!
Doch die miesen überwogen.
In allem, was ich sagte/tat,
wittertest du Hochverrat...
gingst ungebremst gleich an die Decke,
egal, was kam aus meiner Ecke.
Wollt' ich Frieden, musst' ich kuschen.
Ich hasse diese Wechselduschen!
Das Auf und Ab zerrt an den Nerven,
mir blieb nichts als das Handtuch werfen.
Immer nur Druck, kein liebes Wort -
das treibt selbst den Stärksten fort.
Da muss es noch was andres geben -
will endlich wieder Spaß am Leben!
Auch an mich mal denken können
und mir jetzt etwas Ruhe gönnen.
Deshalb leb wohl, du Miesepeter,
such dir 'nen andren Fußabtreter!

© Heidi Friedrich

Ich wär' so gerne klug und weise,
dann würd' ich mich in Schweigen hüllen.
Stattdessen hab auch ICH 'ne Meise
und mach's wie alle: Lauter brüllen!

© Heidi Friedrich

Kleine Bitte

Liebe Frau Schmidt, ich bitte Sie
mit der gebotenen Sympathie:
Geben Sie mir direkt ein Zeichen,
statt heimlich um mich rumzuschleichen!
Vielleicht ist's wirklich an der Zeit
- zwecks Schluss der Angelegenheit -
für ein paar Worte, deutlich-klar,
damit Sie seh'n, wie's wirklich war:

Ich kenne ihn - und das ist wahr! -
erst seit 'nem knappen Vierteljahr.
Nie hat er wegen mir gelogen
und Sie auch nicht mit mir betrogen.
Nichts Schlimmes haben wir getan,
es muss doch möglich sein, dass man
- was die Vernunft hier dringend rät -
in Würde auseinandergeht?

Was Ihrs, das haben Sie bekommen,
und ihm sogar die Kids genommen.
Sie sollten ihn in Frieden lassen
und endlich aufhör'n, ihn zu hassen!
Genießen Sie Ihr neues Glück!
Das alte kommt eh nicht zurück,
so wie die Zeit, die man verschwendet,
wenn Rachsucht den Verstand verblendet.

© Heidi Friedrich

Gescheiterter Versuch

In deinen Armen einzuschlafen
in jener Nacht war echt grandios!
Für mich wars wie im sich'ren Hafen -
[ach, lass mich bitte nie mehr los!]
Großartig auch, am nächsten Morgen
mich nochmal zärtlich anzuschmiegen.
Ich fühlte mich bei dir geborgen -
[könnt' ich so nur für immer liegen!]

Inzwischen ist viel Zeit vergangen -
einhunderteinundachtzig Tage!
Mal war es Hoffen und mal Bangen,
doch täglich stets dieselbe Frage:
Werde ich das nochmal erleben,
und fühltest du auch so wie ich?
Nun aber hab ich's aufgegeben,
Zeit war für andre - nie für mich.

Ein halbes Jahr, 's ist kaum zu fassen,
harrte ich aus im Wartesaal.
Durchs Hintertürchen reingelassen
hast du dann andre... öfters mal.
Mehr und mehr schwand jeden Tag
die Hoffnung auf ein Wiedersehen.
Obwohl ich dich noch immer mag,
werd ich jetzt meiner Wege gehen.

© Heidi Friedrich

Die Ballade von „Nitro-Jimmy"

Es war einst ein Künstler von Gottes Gnaden,
der ließ sein Talent stets im Alkohol baden.
Das war fatal, denn es konnte nicht schwimmen
und so noch das rettende Ufer erklimmen.

Sie war Studentin im dritten Semester
und traf in der Kneipe ihn, kurz nach Silvester.
Er war ein Charmeur, sie jung und verliebt -
bekanntlich die dümmste Kombination, die es gibt!

Sie waren besoffen, er wirkte verloren,
so hat sie zum Liebsten ihn sich auserkoren.
Sie turtelten beide fast ohne Pause,
dann folgte sie ihm bereitwillig nach Hause.

Es hatte geschneit und 's war bitterkalt,
also ging er nach draußen und kehrte alsbald
in die Bude zurück, den Arm voller Holz
für den Kamin - denn warm werden sollt's.

Schon wenig später musst' er erkennen:
Das Holz war zu feucht, viel zu nass zum Brennen!
Er tobte, bettelte, schrie und fluchte,
und doch scheiterte alles, was er versuchte.

Das Feuer blieb aus, sie waren am Frieren -
dabei wollt' er ihr doch so gern imponieren!
So griff er entnervt zur Verdünnungsflasche
und spritzte das Zeug auf die glühende Asche.

Er hatte wohl doch schon zu viele Promille,
denn ein lauter Knall zerriss plötzlich die Stille
und eh er sich's versah, fand sich unser Recke
aufs Höchste verdutzt vis-à-vis in der Ecke.

Dass ihm nichts passiert war, tat sie sich versichern,
dann wurde aus ihrem Glucksen ein Kichern,
das zu einem heftigen Lachkrampf anschwoll,
obwohl sie sich noch bremste, vorahnungsvoll.

Das Gefühl kennt ein jeder, dem dies geschieht
und der sich vergebens um Fassung bemüht:
Man weiß ganz genau, man darf jetzt nicht lachen,
und kann doch so gar nichts dagegen machen.

Er fand's nicht so lustig, drum warf er sie raus.
Eh's richtig begann, war der Traum auch schon aus.
So mischte das Schicksal auch diesmal die Karten:
Auf die ganz große Liebe sollten beide noch warten!

© Heidi Friedrich

Mich blenden keine schönen Worte,
kein Geld der Welt, das mich besticht.
Sei für mich da, wenn ich dich brauche,
das wars - mehr will ich von dir nicht!

© Heidi Friedrich

Kontaktanzeige

Hallo Jungs - Achtung - Attention!
Ich suche interessante Menschen,
mit denen man so dann und wann
was anstell'n und gut reden kann,
mal Ernst, mal Blödsinn, je nachdem
(und doch ist's immer angenehm).

Gerne auch mit kleinen Macken,
doch dabei klug, mit Schalk im Nacken.
Die mich nicht gängeln, dominieren,
sondern als Mensch mich respektieren,
offen, ehrlich und charmant,
humor- und liebevoll, entspannt,
wo sich halt Sympathie entwickelt,
bis es auch im Bauchraum prickelt.

Ein Graus sind mir die Pflegefälle,
die wahllos und ganz auf die Schnelle
halbverzweifelt nach 'nem Weib
suchen für Herz und Unterleib;
die nur enttäuscht werden und jammern,
sich stets an die Erstbeste klammern -
Hauptsache, nicht mehr allein...
Jungs, IHR lasst es besser sein!

Auch Sexbettler und solche Helden
brauchen sich erst gar nicht melden
(die mit dem F-Wort auf der Stirne,
statt Grips Testosteron in Birne)...

Ihr seid echt völlig falsch bei mir,
für euch gibt's andre Mädelz hier
mit gleichen Absichten und Zielen,
die in derselben Liga spielen.

Hmmm...

Falls wie ganz oben einer bleibt,
würd ich mich freuen, wenn er schreibt!

© Heidi Friedrich

Wenn jemand etwas missversteht
und gleich zum Angriff übergeht,
statt dass er sich's erklären lässt,
das hasse ich echt wie die Pest!

* * *

Dass niemand heut mehr ehrlich sei,
hört man die Leut sich oft beklagen.
Dabei könn' die - ganz nebenbei -
doch gar kein offnes Wort vertragen.

© Heidi Friedrich

Der tägliche Wahnsinn

Mutti kommt zu Besuch!
(meiner Mutter gewidmet)

Auch das noch, denk ich schreckensbleich
nach einem Blick zur Uhr, denn gleich
ist es soweit und sie schlägt vier -
und dann steht Mutti vor der Tür.

Wo war'n die Mägde mit den Dienern?
Die sollten doch die Bude wienern -
ganz ordentlich an meiner Statt,
dass Mutti nichts zu meckern hat.

"Wie hältst du das nur aus - den Mief?
Reiß gleich mal alles auf!", sie rief,
kaum dass die Wohnung sie betreten;
jetzt hilft nur eins noch, und zwar Beten.

"Mensch Mädel, wie kommst du daher?
Du bist doch keine zwanzig mehr!"
Zu viel Mascara, Shirt zu grell -
zum Glück hab ich ja'n dickes Fell.

Jedoch so dick auch wieder nicht,
mir rutscht nach unten mein Gesicht:
Ich merk, dass ich gekleckert hab,
und wisch es heimlich hastig ab.

Und dazu murmle ich: "Na fein!
Ich seh mal wieder aus wie'n Schwein!"
Sie mustert kritisch meinen Bauch:
"Ja - und gekleckert haste auch!"

Ich fühle mich, als wär ich sieben,
wo ist denn nur die Zeit geblieben?
Zwei Stunden später ists vorbei -
ich schnaufe durch und atme frei.

Da bleibt mein Blick am Fernseher kleben.
Es hat sich meine Mama eben
noch an der Staubschicht drauf gerieben
und "SAU" genüsslich reingeschrieben!

© Heidi Friedrich

Allmorgendliche Folter

Weckerklingeln um halb sieben!
Ich wär' gern noch im Bett geblieben,
hab grad so kuschlig dringelegen...
doch hat der Wecker was dagegen!
Und langsam keimt mir der Verdacht,
dass der das mit Absicht macht!?

Doch dafür muss der Kerl jetzt blechen,
ich werd mich nämlich an ihm rächen:
Wenn er fest schläft - so gegen zwei -
schleich ich mich an ihn ran und schrei
ihn an in schrillem Ton
und sag: "Das haste nun davon!"

© Heidi Friedrich

Frohe Ostern!

Jetzt wird's wieder Zeit, die Schalen
von Hühnereiern zu bemalen,
sie dann in Nestern zu verzieren,
mit Schokohasen zu garnieren
und drauß im Garten zu plazieren.
Das Suchen macht ja immer Spaß
nach bunten Leckereien im Gras.

Doch mir gedenkt auch manches Jahr,
wo das Wetter nicht gut war.
Damit die Eier nicht verdrecken
bei Schmuddelwetter in den Hecken,
musste man sie drin verstecken.
Man zieht die Schuhe an und - platsch!-
versinkt der Fuß im Eiermatsch.

Der Papa setzt sich auf die Couch,
schnellt wieder hoch und jammert "Autsch!",
denn unterm Kissen lag ein Ei
und brach beim Hinsetzen entzwei,
am Popo klebt jetzt Schoko-Brei.
Bei Sonnenschein ist Ostern netter,
drum wünsch ich uns auch schönes Wetter!

© Heidi Friedrich

Schlacht in der Einkaufsmeile
(Das merkwürdige Gebaren der Bürger
an Tagen vor einem Feiertag)

Huch! Morgen ist der 1. Mai -
der Einzelhandel hat auch frei;
stets kommen Feiertage ja
ganz plötzlich so bedrohlich nah.
Und immer gilt's an solchen Tagen,
den Hamsterkäufern Kampf ansagen!

Ich schick ein Stoßgebet gen Himmel
und breche auf. Rein ins Gewimmel!
Das Auto weit weg eingeparkt,
latsch ich nun vor zum Supermarkt
und stelle fest mit Unbehagen:
Hab keine Münze für 'nen Wagen!

Was soll's, denk ich, für die paar Sachen
werd' ich jetzt keinen Aufstand machen,
sie auf den Armen vor mir türmen
und schnurstracks mit zur Kasse stürmen.
So bleibt die Stimmung ungetrübt -
denn darin bin ich ja geübt.

Ich klaub zusammen, was ich brauch:
Fleisch, Käse, Wurst, Tomaten, Lauch,
Keks, Schoki - Lebenselixier! -,
Bananen, Quark und Klopapier...
und balancier es unverdrossen
vorbei an ein paar Kampfgenossen.

Dann, endlich angelangt beim Brot,
hab ich doch meine liebe Not.
ein kleiner Bengel saust herum,
rennt mich und meinen Turm fast um.
Von hinten hagelt's auch Attacken:
ein Einkaufswagen - in die Hacken.

Mitten im Gang steht breit ein Mann,
schaut ganz genau sich alles an,
und weil er nicht zur Seite weicht,
schlängle ich selbst mich locker-leicht
geschmeidig um ihn rum zur Kasse,
wobei ich alles fester fasse.

Und gegen Ende des Gefechts
erscheint die alte Frau von rechts,
die unbeobachtet sich fühlt
und in der Apfelkiste wühlt.
Argwöhnisch blickt sie zu mir drein -
beidseitig sinkt Erkenntnis ein:

Wer ist wohl Erster an der Kass'?
Auf einmal gibt sie mächtig Gas
und steuert in 'nem Affenzahn
siegesgewiss die Kasse an.
Wie'n Rennwagen, denk ich verwundert,
so schnell war die von Null auf Hundert!

Ich lass sie vor und grinse breit -
so'n Rentner hat ja keine Zeit.
Und hinter mir die Mutter drängelt,
während ihr Bengel lauthals quengelt.

Ich trotte raus hinter der Alten,
doch angesichts der Luft, der kalten,

bleibt die urplötzlich stehen und schwankt.
Ich laufe auf. Mein Turmbau wankt.
Heilfroh, als ich am Auto bin,
sink ich hinters Lenkrad hin
und schwör mir, dass beim nächsten Mal
es anders wird - auf jeden Fall!

© Heidi Friedrich

Bankgeflüster

Geldinstituten ist gemein,
dass sie dir bei Sonnenschein
den Schirm aufspannen dienstbeflissen;
doch geht es dir einmal besch....(eiden),
stehst du im Regen, Matsch und Dreck,
nehmense'n dir wieder weg.

Natürlich nur den kleinen Leuten,
denn da gibt's ja nichts zu erbeuten.
Für große Gauner - so sie klamm -
gibt's gleich ein Rettungsnotprogramm,
die kriegen es dann von ganz oben
vorn und hinten reingeschoben.

© Heidi Friedrich

Späte Einsichten

Wie oft stand ich da und grollte,
weil keiner so tat, wie er sollte?
Hab mich geärgert und gegrämt,
und ab und zu auch mal geschämt.
Bin vor anderen gekrochen...
und wäre daran fast zerbrochen.

Begriffen hab ich mittlerweile,
dass ich damit Macht erteile -
jenen, die mir seltsam scheinen,
weil sie's nur mit sich gut meinen.

Benahmen sie sich wie Idioten,
hab ICH die Bühne stets geboten
und eben Dinge zugelassen,
die nicht in mein Weltbild passen.
Denn verantwortliches Glied
für alles, was mit mir geschieht,
und letztendlich auch für mich
bin einzig und alleine - ICH!

© Heidi Friedrich

Von Ratten und Schiffen

Geht's dir gut, sind alle da
und küssen dir die Wange.
Freunde, Verwandte - fern und nah -
steh'n fast täglich bei dir Schlange.

Versicherungsvertreter, Banken
woll'n selbstverständlich nur dein Bestes.
Doch ist dein Glück einmal am Schwanken
und du hast nix mehr - vergesst es!

Von jenen, die bis grade eben
dir noch in den Hintern krochen,
dir täglich an der Backe kleben,
wird der Kontakt jäh abgebrochen.

Und wer nur vorgibt, dich zu lieben,
zeigt sich: Jetzt fällt die Maskerade.
Wahre Freunde sind geblieben,
um die falschen ist's nicht schade.

Erstrahlt dein Schiff in neuem Glanz,
versammelt sich dann jedenfalls
um dich geballte Ignoranz.
Hinweg mit euch! Bleibt mir vom Hals!

© Heidi Friedrich

Der Wert VOR dem Komma

Wieviel du jemandem bedeutest,
kannst du an Worten nicht erkennen;
bei dem, was so gesprochen wird,
ist's schwer oft, falsch von wahr zu trennen.

Du erkennst es nicht an Dingen,
die man dir schenkt so dann und wann;
weil hier jeder in den Laden
geh'n und schnell was kaufen kann.

Suchst du ein untrügliches Zeichen,
das deinen Wert bei wem bestimmt,
lenk deinen Blick nur auf die Zeit,
die dieser Mensch sich für dich nimmt.

© Heidi Friedrich

Schräge Welt

Da ist man immer hilfsbereit,
nimmt sich für andere stets Zeit...
doch hat man selbst mal ein Problem,
sind die dann meistens zu bequem
zum Zuhören und Mitbefassen -
man wird einfach alleingelassen.

Ich nehm von keinem mehr was an,
was man mir dann ankreiden kann;
bitte um nichts, lass mir nichts geben,
so kommt man besser durch das Leben.
Oder ist's so, dass ich's verkannte
und falsche Leute "Freunde" nannte?

Happy Halloween!

Jedes Jahr derselbe Quatsch:
Abends zieh'n durch Blättermatsch
Horden wild verkleid'ter Leute
und gieren nach der süßen Beute.

Klingeln dich vom Sofa weg
und rühren sich erst dann vom Fleck,
wenn die mitgebrachten Taschen
überquell'n mit Zeug zum Naschen.

Schickst du sie ohne was vom Hof,
tja, dann gucken sie nur doof.
Die sind nur hinter Süßkram her,
lustige Streiche gibt's nicht mehr.

Trauerfall
(Ode an den "kleinen Dicken" und ein
letztes Streicheln übers Lenkrad)

Heute heißt es Abschied nehmen
vom treusten aller Kameraden.
Ich denke grad an Chrysanthemen
die ich ihm hol' im Blumenladen...?

Die leg ich ihm dann auf die Haube,
wenn er abgeholt wird später.
Er hat 'ne Seele, wie ich glaube -
und "TÜV" heißt der Übeltäter!

Nach all den Jahr'n, ich muss schon sagen,
ihn geh'n zu seh'n jetzt - welch ein Graus!
Er war stets da, ohne zu klagen,
so lang hielt's kein Mann mit mir aus 0:-)

Ja, wir hatten tolle Zeiten,
von Sylt bis an den Bodensee.
Nun wird er mich nie mehr begleiten,
so'n Abschied tut doch ganz schön weh.

Er ist jetzt alt und rostzerfressen
und darf getrost in Rente gehen.
ich werd ihn trotzdem nie vergessen
und auf 'ner Wolke wiedersehen.

© Heidi Friedrich

Allheilmittel?

Des Menschen allerärgste Feinde
sind Kummer, Angst und Groll.
Wer immer drunter leiden muss,
für den ist's oft verhängnisvoll:

Erst kränkelst du so vor dich hin,
spürst, wie die Kräfte schwinden,
du schläfst schlecht,
schleppst dich durch den Tag,
der Arzt kann auch nichts finden.

Er verordnet hilflos Pillen
für die ärgsten der Gebrechen,
die wirken nichts, denn besser wär's,
du würdest drüber sprechen.

Ein guter Freund ist für dich da
mit offnem Ohr für deine Sorgen,
und du merkst, jemand mag dich gern,
fühlst dich erleichtert und geborgen.

Die Wehwehchen sind verschwunden,
die Plagegeister bald begraben.
Wir werden fast mit allem fertig,
wenn wir Kraft und Hoffnung haben.

© Heidi Friedrich

Ansichtssache

Als kleines Kind war meine Mama
für mich die schönste Frau der Welt;
meinen Papa fand ich klasse,
er war für mich der Superheld.

Heute geht mir das mit dir so;
egal, wie andre dich auch seh'n,
ob arm, ob reich, dick oder dünn -
für mich bist du ein Phänomen.

Allein das zählt, wie ich dich sehe,
auch wenn das für dich "Mumpitz" ist:
Könntst du in mein Herz reingucken,
wüsstest du, wie toll du bist!

© Heidi Friedrich

Der besten Freundin zum Geburtstag

Der eine aalt im Ruhme sich,
der andre schwimmt nur so im Geld.
Das brauch ich nicht, ich hab ja Dich -
die tollste Freundin auf der Welt!

Bin einfach froh, dass es Dich gibt.
Nach einem Blick auf den Kalender
bin flugs ich noch davongestiebt -
so fand ich diesen Freudenspender.

Die vielen Kerzen auf dem Kuchen,
dafür ist nicht mehr Platz genug.
Ich könnt' sie reinzutun versuchen -
dann sieht er aus wie'n Fackelzug.

Ich wünsch dir Lebensfreude pur,
Humor, Gesundheit, Glück und Liebe.
von allem stets das Beste nur.
Und auch, dass es bei uns so bliebe!

Dass es sich nie als falsch entpuppe
und keins das andre je vermisst.
Du Stern in meiner Nudelsuppe,
bleib ganz genau so, wie Du bist!

© Heidi Friedrich

Alles Gute zum Geburtstag!

An diesem Deinem Ehrentage
bekommst Du was, ganz ohne Frage.
Ich hab auch jetzt an Dich gedacht
und hoff, dass es Dir Freude macht:

Dies Geschenk hab ich gefunden,
wünsch Dir damit vergnügte Stunden.
Auf dass es Dich ein wenig tröste:
Für mich bist Du der Allergrößte!

Bei Dir trifft's zu, was stets schon galt:
So'n Typ wie Du wird niemals alt.
Daneben wirkt - ich sag's präziser -
manch Zwanzigjähriger wie'n Spießer.

Im Herzen bist Du jung geblieben ...
kurzum - man MUSS Dich einfach lieben!
Drum sorg Dich nicht, bleib Optimist
und ganz genau SO, wie Du bist!

© Heidi Friedrich

Alltag in sozialen Netzwerken

Manchmal ist's zum schief sich lachen,
was Leute so für Sachen machen:

Der eine will dein Freund sein gleich
(und dünkt sich geist- und einfallsreich),
um Zugriff zum Bereich zu kriegen,
wo die privaten Fotos liegen.
Günstigstenfalls kannst du dann gehen -
er hat ja nun genug gesehen.

Der nächste glotzt auf dein Profil,
willst du zurückschau'n, geht nicht viel:
Gesperrt! Kaum, dass du dich versiehst,
bist du auf seiner „Igno-List".
Da gibt er gerne Dauerfeuer
bei allem, was ihm nicht geheuer.

Ein anderer verliebt sich wild
und höchst unsterblich in dein Bild.
Wird seine "Liebe" nicht erwidert,
dann kommt er raus, recht buntgefiedert:
Sein ganz ureigner Vogel spricht,
was andre meinen, juckt ihn nicht.

Wiederum einer mailt dich voll,
weiß nicht recht, was er sagen soll,
und was er schreibt, erschöpft sich stets
in der Frage: "Na, wie geht's?"
Nur Bildchen noch schickt er dir dann,
bis es einschläft irgendwann.

Ein fünfter geht nach Postleitzahl,
wohnst du da nicht, kannst du ihn mal,
und er schmeißt dich grob, doch munter
von seiner Freundesliste runter.
Das hab ich alles schon erlebt.
Denkt dran, wenn ihr euch her begebt!

Doch gibt's auch "Lichtgestalten". Du
zählst zweifelsohne auch dazu!

© Heidi Friedrich

Herbstblues

So bin ich wohl auf dieser Welt
der einz'ge Mensch, dem's arg missfällt,
wenn die Tage sich verkürzen
und die Temperaturen stürzen,
weil der Herbst jetzt Einzug hält
und Blätter - grad noch voller Leben -
entfärbt und -seelt zur Erde schweben.
Ja! Wenn andre voll Romantik
sich dem Herbstgefühl hingeben
und darin schwelgen, werd' ich grantig.

© Heidi Friedrich

Oh toll - ein Fettnapf!
(Anlauf... und Arschbombe!)

Es gibt so Tage, da - oh Graus! -
komm aus dem Staunen ich kaum raus,
wie die mit schlichten Geistesgaben
sich bislang durchgemogelt haben.
Wie konnte so'n Mensch unbeschadet,
obwohl mit Hirn nicht sehr begnadet,
durchs Leben gehen bis hierher
und vierzig werden - oder mehr?
Man selbst steht fassungslos davor
und kratzt verdattert sich am Ohr.
Denn statt vor Scham schier zu verzagen,
dünkt sich so'n Mensch noch gut beschlagen,
führt mit dem bisschen, das er weiß,
sich selber vor, und gar nicht leis
pflügt er trompetend durchs Revier
gleich dem bekannten Rüsseltier,
so dass ihn heimlich alle Welt
für fleischgewordne Dummheit hält.
Wie dem auch sei, wohl jedermann
blamiert sich halt, so gut er kann;
ob Mann, ob Frau ist hier egal -
Schwachsinn ist geschlechtsneutral!

© Heidi Friedrich

Ein Tag bei Gericht
(nach einer wahren Begebenheit)

Auch dann, wenn du kein Bösewicht,
musst du mitunter zum Gericht,
weil so 'ne Misanthropenhaut
dir sonst vom Brot die Butter klaut.
So trat ich jüngst, das Blut am Wallen,
hinein in die ehrwürd'gen Hallen.

Doch halt! Vorbei sind wohl die Zeiten,
wo zweie sich gediegen streiten.
Denn wenn du heute zum Kadi willst,
wirst du vorher gründlichst gefilzt.
Bin zwar spät dran, die Zeit wird knapp,
drum schnall ich meinen Rucksack ab
und füge mich ergeben drein,
bevor die Gift und Galle spei'n.

So'n Wachmann hat's ja auch nicht leicht,
doch dieser hier spontan erbleicht
und mustert, vor Entsetzen stumm,
das buntes Sammelsurium,
das aus des Rucksacks Tiefen fließt,
sich malerisch vor ihm ergießt;
denn in Jahrzehnten - 's ist was dran -
häuft sich da drin verschiednes an.

Noch während er ungläubig stiert,
hat er mein Messer konfisziert.
Ich weise höflich ihn drauf hin,
dass ich auch jetzt nicht wehrlos bin

und noch ein zweites Messer hab;
er knurrt und nimmt's mir auch noch ab.

Zwei Flaschen Wodka finden sich.
Ich werd belehrt: "Dat darf man nich!"
und zähl geduldig ohne Paus'
elf Euro sechs in Münzen raus,
das Wechselgeld, das an der Kasse
ich in den Rucksack rieseln lasse.
Ich merk, ich mach mich unbeliebt,
denn der Detektor fiept und fiept!

Alles Metall ist schon im Schrank,
des Wachmanns Nerven liegen blank.
Die Anwältin von einem Bein
aufs andere tritt. Er winkt sie rein.
Nach einem Blick in sein Gesicht
erzähle ich ihm lieber nicht
von jenem Höllenapparat,
den sie im Aktenkoffer hat.

Stattdessen zeig ich meine Krücke.
Die darf mit rein - zu meinem Glücke.
Es ging dann schnell, denn kaum begonnen,
wars auch schon aus: Prozess gewonnen.
Eine Erkenntnis ist geblieben:
Ja - SICHERHEIT wird groß geschrieben!

© Heidi Friedrich

Geburtstagsfreuden

Ein weitres Jahr schlägt nun zu Buch,
die Torte gleicht 'nem Fackelzug;
das Jungvolk tut nicht, wie es soll,
und siezt mich scheu und ehrfurchtsvoll.

Die weißen Haare werden mehr
und richte ich mich morgens her,
um auf die Straße mich zu wagen,
muss ich mich täglich länger plagen,
damit, wer immer mich entdeckt,
nicht halb zu Tode sich erschreckt.

Und nun, multigeburtstagskerzlich,
bedank ich mich bei dir recht herzlich
für deine Worte, deinen Trost
und stoß im Geiste an mit dir - so: Prost!

© Heidi Friedrich

Der Wintereinbruch

Gestern nacht, kurz vor halb zwei
erreichte mich ein Hilfeschrei:
"Bei mir war 'n Einbruch! Und was nun?
Muss ich dem Sheriff kund dies tun?"

Wenn du mich fragst: Geh ruhig vorbei
und melde ihn der Polizei!
Einsperren soll'nse ihn - bis März!
Oder verjagen, nordpolwärts.

Auch hier ist der Kerl eingebrochen
und heimlich nachts hereingekrochen;
hat Schnee gebracht und Eiseskälte...
soll wieder geh'n! Und zwar in Bälde!

Zum Nikolausi

Kinder, stellt die Schuhe raus!
Heut nacht kommt der Nikolaus,
bringt was zum Naschen für die guten,
die nicht so braven kriegen Ruten.
So war es Brauch mal, ehedem -
heut sind die Kids meist zu bequem.
Auch ist's nicht wirklich mehr von Nutzen,
die Schuhe abends blank zu putzen:
Teure Geschenke müssen's sein,
die passen da ja gar nicht rein.

Informationsflut

Wir sind im Medien-Jahrhundert,
so dass mich langsam nichts mehr wundert.
Man forscht auf Teufel-komm-heraus
und trötet's in die Welt hinaus.

So hat man jüngst herausgefunden:
Das Essen braucht nur sieben Sekunden
vom Mund bis runter in den Magen.
Ein Haar kann sechs Pfund locker tragen.
Sein Penis dreimal länger ist,
als eines Mannes Daumen misst.
Hinz hat mit jener rumgeschmust.
Die Kunz vergrößert ihre Brust.

Eine Billion Bazillen schwirr'n
auf deinen Füßen. Das Gehirn
wiegt halb soviel nur wie die Haut.
Stabiler als Beton gebaut
sind des Menschen Beckenknochen.
Frauen blinzeln ausgesprochen
häufiger als indes Männer.
Der Dingsda läuft grad rum wie'n Penner...

Ja, man wird in diesen Tagen
mit Nutzlos-Infos schier erschlagen;
berichtet wird fast nur noch Stuss,
den man gar nicht wissen muss.

Doch EINE In-for-ma-ti-on
hab ich nun noch. Wussten Sie schon:
Frauen sind jetzt meist am Schmunzeln,
des Mannes Stirn schlägt jedoch Runzeln,
während er leicht irritiert
seine Daumen anvisiert!

© Heidi Friedrich

Das Leben gleicht 'nem Puzzlespiel
mit vielen tausend kleinen Stücken.
Beim einen sieht man schon recht viel,
beim andren klaffen große Lücken.

* * *

Vogelzwitschern, Morgenluft,
Sonnenaufgang, Kaffeeduft,
herzhaft gähnen, Zigarette -
ich muss raus! Auf die Toilette.

© Heidi Friedrich

Nächtlicher Obstgenuss
(Spätere Heirat nicht ausgeschlossen)

Ein Vater kommt spät nachts nach Haus
und lauscht besorgt - es dringen aus
dem Zimmer seiner Tochter Töne,
die sich anhör'n wie Gestöhne!
Er schleicht sich hin auf leisen Sohlen
und beobachtet verstohlen
durch das Schlüsselloch der Tür
- auf dass ihn gleich der Donner rühr! -,
wie seine Tochter, nachtbehemdet,
eine Banane zweckentfremdet.
Am andern Morgen, grambeladen,
nimmt er Banan' und ein Stück Faden,
bindet das gelbe Obst dran fest
und zieht's quer durchs Familiennest.
Beim Anblick der Banan' am Zwirne
kriegt 's Töchterlein ,'ne rote Birne.
Auf Mutters Frage, was das soll,
entgegnet er ihr würdevoll:
"Ich zeig nur mal inzwischen schon
die Wohnung unsrem Schwiegersohn!"

© Heidi Friedrich

Geistesgegenwart ist einfach alles!

Einst im Büro begab es sich:
Ein Mann langweilt sich fürchterlich.
Uneins, wonach der Sinn ihm steh',
doch plötzlich hat er die Idee:
das Telefon! Er wählt furios,
"Mein Schatz", haucht er sofort drauflos,
"heb deinen süßen kleinen Arsch
bring Kuchen und Kaffee mit - Marsch!"
Zur Antwort kriegt er 'n grimmiges
(und auch noch männerstimmiges):
"Dir helf ich gleich, du Anarchist!
Weißt überhaupt du, wer dran ist?
Hier spricht der Chef!" Der Angestellte,
gewahr, dass er sich wohl verwählte,
fragt listig: "Und du, kleiner Wicht -
weißt du denn auch, wer mit DIR spricht?"
Der Chef, verblüfft, antwortet: "Nein...?"
"Boah, Glück gehabt!" - der Mann hängt ein.
Erneut hat Geistesgegenwart
jemandem Schlimmeres erspart.

© Heidi Friedrich

Sechszeiler rund ums Bier

Einst kam ich von fern als Tourist hier her,
's war 'n heißer Tag und mich dürstete sehr.
So kehrte ich ein. Und mit letzter Kraft
bestellt' ich ein Glas kühlen Gerstensaft.
Ein freundlicher Wirt kredenzte es mir -
seitdem hab ich Heimweh nach Einbecker Bier!

© Heidi Friedrich

Die Spanier trinken roten Wein
und gingen damit kläglich ein.
Was keiner dieser Weltstars wusste:
Dass das im Grund so kommen musste.
Das wahre Lebenselixier,
das ist und bleibt ein kaltes Bier!

© Heidi Friedrich

Wer als Getränk stets Wasser wählt
und seine Kehle damit quält,
indem er's lässt hinunterrinnen,
der kann den Worldcup nicht gewinnen.
Gebt unsren Jungs 'ne Kiste Bier!
Dann steht das Dingens ganz bald hier.

© Heidi Friedrich

Als ich jüngst mal wieder vergebens
so suchte nach dem Sinn des Lebens,
führte mein Weg mich zum Kühlschrank hin
und siehe da! Dort fand ich ihn:
Er stand da in des Kühlschranks Tür
in Form einer köstlichen Flasche Bier!

© Heidi Friedrich

Ein Krafttrunk der besondren Art
- erst wächst der Bizeps, dann der Bart
und was weiß ich sonst noch alles,
was Mann so braucht im Fall des Falles -
das ist, mein Freund, ich sag es dir:
Ein guter Schluck gekühltes Bier!

© Heidi Friedrich

Ist einer 'n rechter Spargeltarzan,
biet ihm was Kräftigendes an.
Erst kriegt er eine hübsche Plauze,
haut dann dem Platzhirsch auffe Schnauze
und alles schafft mit viel Plaisir
'ne Therapie mit lecker Bier!

© Heidi Friedrich

Büro & Beruf

Kollegentypen:
Der Bl*ender

Mitunter triffst du auf Gestalten,
die sich für Auserwählte halten
und sich ganz gern bewundern lassen
als ein Hans-Dampf-in-allen-Gassen.

Abgesandt von Gottes Gnaden,
bewahren sie den lahmen Laden
mit ihrer Ge-ni-a-li-tät
davor, dass er untergeht.

Man glaubt zunächst an ihr Genie
(berechtigt oder nicht), weil sie
bei jedem Ei, das sie so legen,
grad wie ein Huhn zu gackern pflegen.

Kriecht dir der Zweifel kalt empor,
stell dir in Unterhos' sie vor -
die sehen beim Kacken sicherlich
nicht besser aus als du und ich.

Zudem, was jene meist nicht sehen:
Ein jeder freut sich, wenn sie gehen.
Und dann geschieht das größte Wunder:
Die Welt geht dadurch auch nicht unter!

© Heidi Friedrich

Kollegentypen:
Der Schleimer

Der Schleimer ist ein Karrierist,
der - vorzugsweis' durch Hinterlist -
sich seinen Weg nach oben bahnt;
er ist und bleibt ein Intrigant.

Er tritt nach unten, buckelt oben,
damit die Chefs ihn fleißig loben.
Geht ihm was schief, sei dir bewusst,
dass DU es für ihn büßen musst.

Du kommst an ihm nur schwer vorbei
und wirst so wie ein rohes Ei
behandelt von dem saubren Manne:
Er haut dich nämlich in die Pfanne.

Packt dich dein Chef voll Zorn am Arm
und frisst dich, wirst in seinem Darm
du auch den Schleimer wiederfinden,
der hineingekrochen ist von hinten.

Im Grunde ist er 'n armer Wicht,
voll Angst, dass er vom Kuchen nicht
es schafft, das größte Stück zu kriegen.
Lass ihn am besten ganz links liegen!

© Heidi Friedrich

Kollegentypen:
Die Klatschtante

Solch eine Tante, die ich meine,
gibt's überall - mindestens eine.
Sie dient, wenn man so will, recht nett
als Vollersatz fürs Schwarze Brett.

Weil niemand mehr ihr noch was sagt,
geht sie auch selbst auf Infojagd;
dann schleicht sie leise über'n Gang
und stellt die Lauscher auf Empfang.

Erzähl ihr doch mal 'ne Geschichte -
ist nichts passiert, erfinde! Dichte!
Sag noch, sie soll's für sich behalten
und volle Wirkung wird's entfalten!

Am nächsten Morgen ist's soweit:
Die ganze Firma weiß Bescheid.
Sollt' man sie einst zu Grabe tragen,
empfiehlt sich's, 's Maul noch totzuschlagen.

Doch ist die „Tante" nicht die Norm:
Es gibt sie auch in Onkelform!
Nur heißt's statt „Tratsch & Klatsch" bei Männern
"Austausch von Infos unter Kennern".

© Heidi Friedrich

Kollegentypen:
Der Besserwisser

Rechthaberische Nervensäge,
und so erweist sich der Kollege
für die Geduld der Mitarbeiter
als harter Prüfstein auf der Leiter!

Denn meist schon völlig merkbefreit
verkauft er jede Halbwahrheit
als statistisch unumwunden
bewiesen und für gut befunden.

Es reißt ihn mit im eignen Soge,
begeistert hält er Monologe,
voll überzeugt, dass jedermann,
selbst Gott, von ihm noch lernen kann.

Er ist des fruchtbar'n Austauschs Tod,
wer nicht wie er denkt, ein Idiot
in seinen Augen - und mitunter
läuft's feuchtwarm ihm am Bein hinunter.

Dabei will dieser Naseweis
euch doch nur zeigen, was er weiß.
Verkneift euch jegliches Gedöns
und denkt inzwischen an was Schön's!

© Heidi Friedrich

Kollegentypen:
Der Zyniker

Er ist, wenn ic*h ihn so beseh,
ein Weltverbesserer a.D.,
hielt sich für einen von den Schlauer'n
und rannte damit gegen Mauern,
weil diese dumme Welt sich wehrte,
Verbess'rung nicht von ihm begehrte.

Hier offenbart das alte Spiel
- der Fluch der Menschheit - sich im Nu:
An Hirn traut man sich selbst zu viel
und andren stets zu wenig zu.

Als Missionar demnach gescheitert,
ist wild entschlossen er, die Massen
- was wiederum ihn still erheitert -
eben grad dumm sterben zu lassen.

Einst schnöde als Genie verkannt,
ist er heut reichlich unentspannt
und eingeschnappt hält er sich raus
aus allem "in dem Irrenhaus".
Jetzt treibt er's nur noch ziemlich bunt
als Stimme aus dem Hintergrund.

© Heidi Friedrich

Personalversammlung

Wieder naht die Urlaubszeit!
Dann ist es bei uns im Büro
normalerweise auch soweit
und ich reib erwartungsfroh
die Hände mir, weil sich drei Ziegen
gleich heftig in die Wolle kriegen.

's ist jedes Jahr das gleiche Spiel:
Die Arbeit wird kurz unterbrochen
und im "Sozialraum" höchst grazil
die Urlaubsplanung abgesprochen.
Der Dinge harrend, die da kommen,
hab ich Punkt 10 Uhr Platz genommen.

Die Damen Lehmann, Süß und Lauf
(so heißen unsere Drama-Queens)
tauchen mit den andren auf.
Und ich, im Schutz des Benjamins,
der mich umhüllt mit seinen Zweigen,
hüll auch mich selbst schon mal in Schweigen.

Man bittet um Aufmerksamkeit,
'Ring frei!' denk ich, und ein immenses
Gefühl unbänd'ger Heiterkeit
beschleicht mich: Panem et circenses!
Denn auf dem Tisch, man muss nicht suchen,
duftet verführerisch ein Kuchen.

Frau Lauf beginnt zunächst verhalten,
sie habe da ganz ohne Frage
noch etwas Urlaub, und zwar alten,
und wolle zwei der Brückentage.
Ich lehne mich entspannt zurück
und nehm vom Kuchen mir ein Stück.

Frau Lehmann fängt gleich an zu flattern,
sie ist recht taub auf diesem Ohr.
Die will die Tage selbst ergattern
und kramt flugs einen Zettel vor,
wer wann frei hatte, während ich
um Gnade winsel innerlich.

Erbittert zanken die zwei Furien.
Die Chefin warnt die Amazonen
vorm Einsatz von Verbalinjurien.
Man gönnt der andern nicht die Bohnen,
weil jede denkt, sie kommt zu kurz.
Ich greif zum Kuchen - ist mir schnurz.

Auch Frau Süß macht nun Theater,
sie brauche frei, der Enkel wegen.
Der Lehmann schwillt die Zornesader
und sie zischt der Süß entgegen,
das wäre ja nun wohl kein Grund.
Jetzt wird's mir langsam auch zu bunt.

Die Süß lässt sich das nicht gefallen.
Ob ihrer Übellaunigkeit
ist eh gefürchtet sie bei allen.
Frau Lehmann will Gerechtigkeit

nicht erst im Himmel - nein, auf Erden!
Grundgütiger! Lass zwölfe werden!

In Sicht kein Ende weit und breit,
die Lauf blitzt beide böse an.
Urplötzlich spür ich Dankbarkeit,
dass ein Blick nicht töten kann.
Frau Lehmann plärrt, sie müsse buchen,
und ich liebäugel mit dem Kuchen.

Bevor die drei sich gar noch lynchen,
ergreift die Chefin nun das Wort
und gibt den Urlaub nach den Wünschen.
Cool! Alle drei gleichzeitig fort!
Für mich hat wieder sich's gelohnt:
Satt und zufrieden - wie gewohnt.

© Heidi Friedrich

Resignation

Hat dich ein Schicksalsschlag getroffen,
brauchst du nicht auf Verständnis hoffen.
Denn ein paar Vorgesetzte und Kollegen
fühlen sich ja ach sooo überlegen!

Sägen am Stuhl dir und dergleichen,
anstatt dir mal 'ne Hand zu reichen.
Drum pack ich meine Siebensachen
und werd mich jetzt vom Acker machen.

Hier gibt es nichts mehr, das mich hält.
Wenn's deinem Nächsten nicht gefällt,
dann kann es keinen Frieden geben.
So ist's nun mal in diesem Leben!

Menschen kommen, Menschen gehen -
auch ich muss jetzt nach vorne sehen.
Sollt' ich die Kraft zurückerlangen,
werd ich woanders neu anfangen.

Nun seid nicht traurig, wünscht mir Glück,
denkt ab und zu an mich zurück.
Die, denen diese Worte galten,
werd ich im Herzen stets behalten!

© Heidi Friedrich

Zugabe: Mundart

Wie das Lambada Platt entstand

Zu Anbeginn der Weltgeschichte,
als Menschen noch Barbaren waren
mit Lendenschurz und Zottelhaaren,
besah sich Gott sein Werk bei Lichte.
Und dann schuf der darob Erschreckte
am achten Tag die Dialekte.

Die Menschen plapperten drauflos,
und "Juten Tach!" klang's aus Berlin,
laut "Mia san mia" die Münchner schrien,
der Kölner sagt' ne leeve Jrooß.
"Moin Moin" schallt' es von Norden her,
und jeder freute sich gar sehr!

Der Lampertheimer nur blieb stumm
und weinte bitterlich stattdessen:
Man hatte ihn doch glatt vergessen!
Gott sagte: "Kumm, Bu, piens nit rum!
Wann fer disch niggs mee iww'risch waa,
dann babbelschd hald sou wie isch aa!"

© Heidi Friedrich

De Mensch unn's Wedda

Des arme Wedda hots nit leischt,
damit's zur Freude aisch gereischt!
Bei aisch wädd imma bloß gemeggert,
dass es sisch nit mit Ruhm bekleggert:
Mol schitts zuveel, dann is zu trogge
unn viel zu haaß, um drauß zu hogge,
mol is aisch kalt, dann wija warm -
unn jeda schennt, dass Gott erbarm.

Schunn frih um siwwe geht des lous,
wann isch uff de Nochbar schdouß.
Der dambft im Fahrstuhl vor sisch hii,
vun de Schdänn rinnt em die Brih
unn er jabbst mit ledschder Kraft,
dass'n die Affehidz noch schafft.
Derselwe Mensch, vor e paar Woche,
hatt' grad mit mia noch driwwer gschproche,
was ferre Kaddaschdroof des sei,
es wär jo veel zu kihl fer Mai.

Im Gschäft aakumme, gehts glei weida,
es schallt der Chor der Mitawweida:
"Isch hebb kaan Bogg! Boah, was e Hidz!
Isch will wija haam, och Mann, isch schwidz!"
De Lehrling maand, dou könnt mer schee
die Weiwa halwa naggisch seh.
Schdreng fauchd'n die Beamtin aa,
er könnt paar uff die Ohre haa.

Aach drauß zieht e Gewidda uff.
Isch schigg en Bligg zum Himmel nuff
unn denk, was sollde mia blouß redde,
wann mia des Wedda jo nit hädde?
Doch muss isch saache, des Gesajjer
geht mia gewaldisch uff die ... Närffe.
Heert endlisch uff mit dem Gewimma!
Denn gar ka Wedda *wär veel schlimma!

© Heidi Friedrich

Nachwort:

So – das waren sie nun, die bunten Seifenblasen aus meinem Kopf! Selbstverständlich sind alle Personen und Geschichten frei erfunden, etwaige Ähnlichkeiten mit noch lebenden und/oder bereits verstorbenen Personen wären also rein zufällig und sind in keinster Weise beabsichtigt gewesen.

Ich hoffe, Sie konnten sich (bzw. ihr konntet euch) gut unterhalten beim Lesen und vielleicht sogar ein wenig schmunzeln an der einen oder anderen Stelle. Dann hat das Buch seinen Zweck erfüllt :-)

Alles Liebe wünscht Ihnen bzw. euch
Heidi Friedrich

Impressum:

Titel-Foto:
Käthe Weber, Leimen

Beratung:
Norbert van Tiggelen, Herne

Alle Texte:
Heidi Friedrich, Lampertheim

Herstellung und Verlag:
BoD – Books on Demand, Norderstedt
ISBN 978-3-7357-2080-1